Christina Holgado Sáez

El programa eugenésico nazi

Los programas de eutanasia en la política nazi

GRIN Verlag

Bibliografische Information der Deutschen Nationalbibliothek:

Die Deutsche Bibliothek verzeichnet diese Publikation in der Deutschen National-
bibliografie; detaillierte bibliografische Daten sind im Internet über http://dnb.d-
nb.de/ abrufbar.

Impressum:

Copyright © 2012 GRIN Verlag GmbH
Druck und Bindung: Books on Demand GmbH, Norderstedt Germany
ISBN: 978-3-656-47220-9

Dieses Buch bei GRIN:

http://www.grin.com/de/e-book/230237/el-programa-eugenesico-nazi

GRIN - Your knowledge has value

Der GRIN Verlag publiziert seit 1998 wissenschaftliche Arbeiten von Studenten, Hochschullehrern und anderen Akademikern als eBook und gedrucktes Buch. Die Verlagswebsite www.grin.com ist die ideale Plattform zur Veröffentlichung von Hausarbeiten, Abschlussarbeiten, wissenschaftlichen Aufsätzen, Dissertationen und Fachbüchern.

Besuchen Sie uns im Internet:

http://www.grin.com/

http://www.facebook.com/grincom

http://www.twitter.com/grin_com

EL PROGRAMA EUGENÉSICO[1] NAZI: LOS PROGRAMAS DE EUTANASIA EN LA POLÍTICA NAZI

---

0. INTRODUCCIÓN

El nazismo ha sido uno de los mayores dramas para la historia de la humanidad y lo demuestra el hecho de que la industria cinematográfica siga sirviéndose de él para contar historias sobre: las víctimas, testigos y verdugos del exterminio de comunidades judías (El diario de Ana Frank, Eichmann, Shoah, Perlasca. Un héroe italiano, El niño del pijama de rayas, Spielzeugland, QB VII), la vida en los campos de concentración (La zona gris, La escapada de Sobibor, Sin destino), el holocausto industrial (La lista de Schindler), presos políticos (Más allá de la alambrada, La gran evasión, Sophie Scholl), fraudes económicos (Los falsificadores), intentos para asesinar a Hitler (Valkiria), juicios posteriores a criminales de guerra y sus responsabilidades (Los juicios de Nurenberg, El lector, La deuda), el holocausto en otros países (La vida es bella, El pianista, El libro negro), propaganda en contra de los judíos (Der ewige Jude), la iglesia en el periodo nazi (Maximilian Kolbe), organizaciones que ayudaban a antiguos criminales nazis (Odessa), etc.

---

[1] Eugenesia: higiene racial. Término en voga en los años 20 tanto en Europa como en Estados Unidos. favorecerá la reproducción de los individuos pertenecientes a las élites y obstaculizará la de los inaptos.

1. APROXIMACIÓN A LOS ORÍGENES DE PROGRAMAS EUGENÉSICOS

La historia de la eugenesia muestra que la búsqueda por la perfección en el ser humano ya existía desde la antigua Grecia; basta con recordar la "eugenesia espartana" por la que los niños nacidos eran examinados por una comisión de ancianos para determinar si era hermoso y bien formado, en caso contrario se le consideraba una boca inútil y una carga para la ciudad; por ello se le conducía al "Apótelas" (lugar de abandono), donde se le arrojaba por un barranco; por otro lado, Atenas contaba con el infanticidio, etc. Los proyectos sociales griegos de diferentes contextos históricos aunaban tres elementos constantes: 1. Es posible perfeccionar al ser humano, 2. La existencia de subhumanos, es decir, seres que no son considerados personas, y 3. La idea de perfección biológica y psicológica ligada al proceso en distintos sentidos sociales.

La eugenesia o "bien nacer" fue un término acuñado por Francis Galton en 1883, cuyo interés por la eugenesia surge tras la aparición de los ensayos sobre la evolución de las especies, escrito por su primo Ch. Darwin. Este último presentó la "selección natural" como la forma de supervivencia de los individuos mejor dotados y cuyos caracteres genéticos son transmitidos a sus descendientes; por su parte, Galton defendía la "selección artificial" con la convicción de que el talento, la habilidad, la inteligencia y otros factores fluían en las familias y que la "selección natural" interviene en el ser humano de la misma forma que en las demás especies, lo único que había que hacer era controlar su reproducción. Para comprobar su hipótesis estudió y describió pedigríes de familiares de personas famosas (gobernadores, políticos, músicos, jueces, militares, etc.) y concluyó que hombres distinguidos provienen de familias distinguidas. Los resultados de su estudio se publicaron en dos libros: *Hereditary talent and character* (1865) y *Hereditary genius* (1869), dedicándose a continuación a planificar la aceleración de la especie humana hacia la perfección mediante técnicas positivas y negativas. La eugenesia positiva buscaba conservar las características de los mejores individuos que conformaban la sociedad prohibiendo el mestizaje al objeto de evitar la "degeneración de una población considerada homogénea. Estas medidas consistían en favorecer la unión de jóvenes idóneos para la sociedad patrocinando el matrimonio con la esperanza de que procreasen hijos sanos. De otro lado, la eugenesia negativa limitada los derechos individuales de reproducción en aras de la salud genética de las generaciones futuras, y consistía en la eliminación de sujetos indeseables mediante la segregación sexual y racial. Un factor relevante en esos años resultó ser que los psicólogos y psiquiatras desempeñaron, sin especialización previa, el trabajo de genetistas ya que sabían definir fenotipos o caracteres hereditarios del comportamiento humano. La observación empírica concluyó que el alcoholismo, la prostitución o la locura se heredaban de la misma forma que la hemofilia, el daltonismo o la ceguera, y por ello dichos individuos debían ser eliminados. Y dado que la cura de los trastornos mentales era impensable a finales del siglo XIX por sus características hereditarias, el movimiento eugenésico se centró en los problemas que estos pacientes provocaban en la sociedad y en los elevados costes por mantenerles hospitalizados. La mejor opción consistía en evitar su reproducción, y aún mejor, que no nacieran. Así se paso de la eugenesia a la eutanasia.

En la primera mitad del siglo XX el contexto político aceptaba socialmente estas medidas eugenésicas, y la mezcla entre genética y sociedad se denominó "*darwinismo social*". La idea de eugenesia predominante en este periodo fue la denominada "totalitaria", llevada a cabo por países con gobiernos que ejercieron un poder centralizado y autoritario. También se unieron otros países como Inglaterra y Estados Unidos, liberales y democráticos, en los que la consistencia racial de la sociedad se convirtió en un objetivo de primera mano. El movimiento eugenésico más poderoso y cruel de todos tuvo lugar en la Alemania nazi.

2. EL PROGRAMA EUGENÉSICO EN LA ALEMANIA NAZI

La eugenesia se convirtió para los nazis en la panacea para la búsqueda de la perfección de la raza aria. En el centro de su ideología se encontraba la sociedad considerada un organismo vivo y formaba en sí una "sociedad de sangre", sus intereses estaban por encima del individuo, al que se le restó toda importancia; es más, la funcionalidad o disfuncionalidad de los sujetos afectaban a la salud de dicho organismo o de la "comunidad popular" (*Volksgemeinschaft*), y por ello la higiene racial adquirió tan gran relevancia. La herencia humana sirvió a este régimen totalitario como recurso científico para promover y legitimar políticas raciales. El gobierno llegó a la conclusión de que los "indeseables", esto es, deficientes mentales, discapacitados y enfermos, incluidos menores de edad, no debían nacer, para ello era imprescindible evitar su reproducción pues según análisis poblacionales los inferiores se reproducían más y más rápido. Una de las medidas que excluían de la comunidad nacional a aquellos que pudieran minar su pureza fue la Ley sobre la prevención de progenie con enfermedades hereditarias de 14 de julio de 1933, que permitía no sólo la esterilización forzada de enfermos mentales, sino también permitía que los familiares la solicitaran; los médicos podían llevarla a cabo hacia aquellos considerados biológicamente inferiores. Entre 1933 y 1945 (12 años), 400.000 personas fueron sometidas a la esterilización forzosa. Dos años después, en 1935 fueron promulgadas las leyes de Nürnberg (*ley para la protección de la sangre*[2], de 15/09/1935, y la *ley para la defensa de la pureza biológica hereditaria del pueblo alemán*[3], de 18/10/1935) dirigidas a "ariar" la sangre alemana y asfixiar legalmente a la población judía bajo definiciones discriminatorias. Sin embargo no todas las acciones eugenésicas fueron legales.

La historia del siglo XX ha demostrado que dejar en manos de un Estado totalitario los criterios y fines del perfeccionamiento humano conduce a la lúgubre realidad de los campos de concentración. El término "campo de concentración" surge por primera vez en el parlamento alemán en 1904, una vez se establecieron los campos en el suroeste de África de colonización alemana. En estos campos, Eugen Fischer[4] (1874-1967), biólogo racial, reunió pruebas para sus teorías sobre el peligro de la mezcla racial o mestizaje (cruce de razas), las mismas que dejarían impresionado a Adolf Hitler. En los campos Fischer llevó a cabo experimentos en personas de origen mestizo –los casos típico se correspondían con niños de madre africana y padre colono alemán, casi todos ellos fruto de violaciones. El principal propósito consistía en probar la inferioridad de los que denominaba "mestizos" o "bastardos". Solo en el año 1906 existen informes referentes a la denominada "investigación biológica-racial", durante la que se realizaron 778 autopsias; el método común consistía en la limpieza de cráneos con vidrios al objeto de dejarlos limpios para su posterior examen; las mujeres africanas prisioneras fueron obligadas a llevar a cabo estas labores. Fruto de esta investigación será *Die Rehobother*[5] *Bastards und das Bastardierungsproblem beim Menschen: anthropologische und ethnographiesche Studien am Rehobother Bastardvolk in*

---

[2] Prohibía casarse o tener relaciones sexuales con personas "alemanas o de sangre alemana"; así como que judíos emplearan como trabajadoras domésticas a mujeres de menos de 45 años de edad.

[3] Exigía a los futuros recién casados un certificado de salud genética emitido por los funcionarios locales en el que costase que ambos eran "racialmente idóneos". Aunque no llegó a aplicarse en la práctica, 10 millones de alemanes la obtuvieron; en caso de resultar genéticamente no apto, uno podía correr el riesgo de ser esterilizado. Un decreto adicional prohibió a los alemanes contraer matrimonio o tener relaciones con personas de sangre extranjera, aunque no fuera judíos; 12 días después se especificó que se refería a gitanos, negros y "sus bastardos". También se prohibió el certificado para el matrimonio a aquellos que sufrían de "enfermedades hereditarias" y contagiosas.

[4] Profesor de medicina, antropología y eugenesia alemán nazi, responsable de estudiar la higiene racial para enviar a los judíos a exterminar.

[5] Rehoboth= actual Namibia.

4

Deutsch-Südwest-Afrika, publicado en 1913 y en el que concluye que la mezcla genética con otras razas disminuyen la calidad de las personas. En cuanto a los mestizos recomendaba: *"Démosles la justa medida de protección que requieren como raza inferior a la nuestra: sólo eso y sólo mientras resulten de utilidad"*. Cuando no lo fueran, lo que había que hacer era *"asegurar la supervivencia de los más fuertes"*, con la extinción, si era conveniente de la población inútil. En 1921 publicaría con Erwin Baur y Fritz Lenz *Tratado de genética humana e higiene racial*, se convertiría en la obra estándar en el área de estudio de la biología racial y en una decisiva influencia en el pensamiento de Adolf Hitler durante su etapa de prisionización y reflejado en *Mein Kampf*, en concreto sobre la necesidad de llevar a cabo un programa de esterilización que acabó cristalizando en las leyes de 1933, primeras medidas forzadas de limpieza genética contra aquellos de la propia raza que se consideraban no eran dignos de conservarse. De 1933 a 1936 se esterilizan en contra de su voluntad entre 375.000 personas con "enfermedades hereditarias" como: retraso mental, esquizofrenia, depresión maníaca, epilepsia, danza de San Vito, ceguera, sordera, deformidad física importante y alcoholismo severo. Después del verano de 1939 ocurren dos acontecimientos importantes: primero, se sigue practicando la esterilización en adolescentes debido al "elevado riesgo de reproducción"; segundo, el proceso de esterilización se frena debido a que se consideró inútil mantener las vidas de débiles mentales y minusválidos hospitalizados (ya esterilizados), y gastar en la construcción de manicomios y hospitales para enfermos incurables el dinero que podría servir para construir casas para la gente sana; entonces se decidió aplicar un sistema de eutanasia que llevaría a experimentar con el gaseamiento y la cremación.

2.1. EL PROGRAMA DE EUTANASIA INFANTIL

La eutanasia se entiende en el sentido de personas que solicitan alivio indoloro y definitivo a un sufrimiento insoportable; y la existencia de esas personas (en la Alemania nazi) proporcionó una oportunidad para políticas que sólo tenían que ver secundariamente con matar por compasión o con la preocupación por los individuos que sufren.

Ya a mediados de los años 20, Ewald Meltzer, defensor de la esterilización y posteriormente de la eutanasia (años 30), llevó a cabo un estudio en el que documentaba el deseo de algunos padres de que les liberaran de sus hijos deficientes mentales, en la mayoría de los casos por razones emotivas o económicas. El medio con el que contaba

5

la gente sencilla para intentar la revisión de un problema legal o buscar alivio a su desgracia individual consistía en escribir a la Cancillería del Führer.

En una concentración del partido nazi en Nürnberg (1929) Hitler hacía hincapié en que los primogénitos no siempre eran los más listos o más fuertes; incluía a Esparta como el modelo de Estado racial por el que los recién nacidos con dificultades eran aniquilados al nacer. Sin embargo, descartaba que una homóloga situación tuviera lugar en Alemania; era necesario preservar a los más débiles a costa de los sanos. Diez años más tarde, estas ideas mutaron hacia el lado de la erradicación de las vidas indignas.

Hitler autorizó el programa de eutanasia para el asesinato colectivo de todos los discapacitados físicos y psíquicos al jefe de la Cancillería del Führer, Philipp Bouhler y al cirujano de accidentes Karl Brandt, que a su vez permitirían a determinados médicos efectuar "homicidios compasivos"; estos médicos del programa de homicidio compasivo urdieron la autorización preocupados por las posibles y futuras consecuencias jurídicas; en cambio, dicho documento carecía de valor legal; por otro lado, el programa de eutanasia nunca fue sancionado, a pesar de que el marco jurídico del III Reich lo reconocía como asesinato.

Rápidamente la Cancillería del Führer elaboró las estructuras burocrática y médica necesarias para dirigir la campaña de "eutanasia" para "nacidos con malformaciones", alegándose como pretexto las súplicas procedentes de padres angustiados. En agosto de 1939 se obligó a médicos y comadronas a notificar al comité del Reich para el registro de enfermedades congénitas y hereditarias graves de los casos de: síndrome de Down, micro- e hidrocefalia, ausencia de una extremidad o parálisis espástica. Dos inexpertos (Hans Heinze y Ernst Wentzler) llevaban a cabo una selección preliminar de los casos para eutanasia que posteriormente eran revisados por otros facultativos evaluadores, que trataban de determinar el "valor de la vida" de los pacientes en base a criterios económicos; tal es así que los niños con valoraciones (por ejemplo, incapacidad para trabajar o insuficiente madurez mental) eran exterminados. Después se trasladaba al niño a una de las 30 clínicas pediátricas especiales, a menudo con el pretexto de que allí les tratarían especialistas. A los niños, una vez ingresados, se les sometía a pruebas intensivas, algunas de ellas incluían dolorosos experimentos; a diario les servían dosis de barbitúricos como Luminal o Fenobarbital (controla los ataques de epilepsia) mezclados con la comida y la bebida que servían para bloquear la respiración, de tal manera que fallecían por paradas respiratorias, o se les mataba si no con sobredosis de morfina-escopolamina, una droga altamente tóxica que en valores susperiores de más de 10 mg. En niños pueden causar convulsiones, arritmias cardíacas, insuficiencia respiratoria, colapso vascular y hasta la muerte. Otros niños eran empleados como objetos de investigaciones, principalmente acerca del cerebro

A los padres interesados por la evolución de sus hijos se les tranquilizaba con mentiras; no les permitían visitarlos hasta que ya fallecían. Fueron unos 6.000 mil recién nacidos y niños hasta los 16 años de edad (pues ésta fue elevándose de forma secreta de los 3 a los 8, a los 12 y finalmente a los 16) los que perecieron en este programa de "eutanasia" infantil.

2.2. EL PROGRAMA DE EUTANASIA EN LA POBLACIÓN ADULTA

Para el proyecto más amplio de diezmar a la población adulta de los manicomios se creó un sector ampliado de la especialidad psiquiátrica y médica. Esta operación se conoce por su nombre cifrado "Aktion T-4", por la lúgubre villa de "Tiergartenstrasse 4", en Berlín, que servía de cuartel general. El jefe de la Cancillería del Führer, Philipp Bouhler, comunicaría a finales de 1939 a los hombres allí reunidos la necesidad de matar a un porcentaje de los pacientes psiquiátricos para dejar camas libres a las bajas militares previstas (I GM: 01/09/1939); de la misma manera no habría sanción legal pública, asegurándoles también que sus actividades no podrían perseguirse por el artículo 211[6] del código penal vigente.

Estos asesinatos premeditados plantean inevitablemente las preguntas: ¿cómo?, ¿quién? y ¿dónde?

2.2.1. ¿CÓMO?

Después de rechazar los "accidentes" multitudinarios de coche o tren, se trasladó el problema a los químicos forenses de la Oficina de la Policía Criminal del Reich; uno de ellos recordó el caso de muerte por inhalación de humo y se decidió por el uso de un gas, el monóxido de carbono; por su parte Bouhler propuso la idea de utilizar cabezales rociadores de ducha para introducirlo. Dicho gas lo fabricaba la empresa IG Farben de Ludwigshaven (Renania Palatinado), con empresas filiales como BASF, BAYER y

---

[6] A) Der Mörder wird mit lebenslanger Freiheitsstrafe bestraft. B) Mörder ist, wer aus Mordlust, zur Befriedigung des Geschlechtstriebs, aus Habgier oder sonst aus niedrigen Beweggründen, heimtückisch oder grausam oder mit gemeingefährlichen Mitteln oder um eine andere Straftat zu ermöglichen oder zu verdecken, einen Menschen tötet.

AGFA. Esta empresa fabricaría también el Zyklon B, utilizado en los campos de concentración para espulgar y para las cámaras de gas.

2.2.2. ¿QUIÉN?

Esta cuestión afectaba tanto a las víctimas como a los perpetradores. En octubre de 1939, Herbert Linden, funcionario del Ministerio del Interior, responsable de los manicomios, informó de que se habían enviado a los centros impresos que servirán para identificar a posibles víctimas. Viktor Brack, nombre en clave de uno de los propietarios a los que se suministraba el gas como si se tratase de una empresa, dijo que la cifra total se había calculado por medio de una proporción matemática:

> "Se llega a ese número a través de un cálculo basado en la proporción de 1.000:10:5:.1. Eso significa que de 1.000 personas 10 necesitan tratamiento psiquiátrico; de ellas 5 deben ser internadas en una institución. Y de éstas, habrá una que se incluya en el programa. Si se aplica esto a la población del Gran Reich Alemán, debemos contar con 65:000-70.000 casos. Con esto debe considerarse contestada la pregunta "¿quién?".

Sin embargo, aún quedaba por resolver quién perpetraría los asesinatos de los pacientes. Serían los profesores Werner Heyde y Herbert Linden quienes ayudados por el Reicharzt-SS, Robert Grawitz, seleccionarían jóvenes médicos para matar gente. Una minoría puso objeciones, incluso resultó ser inmune a las ofertas de paga doble, alcohol extra, libros y una radio. De otro lado, hubo médicos que dijeron que sí. H. Linden se dirigía a los funcionarios regionales de sanidad que a su vez recomendaba a otros médicos, ninguno de los cuales puso reparos a matar. Uno de ellos, Schreck, elevó los impresos de eutanasia a nuevas cotas estajanovistas, cumplimentando a veces 1500 impresos en un mes, labor que en ocasiones llevaba a cabo en una taberna acompañado de alcohol.

Dado que estos hombres eran médicos dedicados en principio a curar a la gente, parece un supuesto notable el que tuvieran que haber influido algunas consideraciones elevadas para que se dedicaran a accionar manómetros de cilindros de gas, una actividad que podrían haber realizado unos monos adiestrados en lugar de gente con un título universitario.

Aproximadamente un 45% de los médicos eran miembros del partido nazi, para ellos la ética era tratada como algo marginal obligatorio, desconectada claramente del aspecto científico de su formación, mucho más importante. Hasta el Juramento

Hipocrático fue objeto de una espeluznante reinterpretación: la ética quedaba desvinculada de la defensa del individuo y vinculada a la salud del colectivo biológico.

Pero no sólo los médicos fueron responsables del asesinato en masa; enfermeras y ayudantes sanitarios, denominados "berlineses", fueron seleccionados para trabajar en manicomios del T-4, desde donde se distribuían en los seis manicomios (Hartheim, Hadamar, Grafeneck, Brandenburg, Sonnenstein y Bernburg); en general se trataba de personas que estaban aburridas en sus trabajos, deseosas de ganar más o mejorar su condición, o a las que les atraía la idea de hacer un trabajo "secreto". Cabe destacar tres grupos:

1. En este grupo figuraba Pauline K., enfermera psiquiátrica con 15 años de experiencia que decidió participar en el programa de eutanasia aludiendo que "ninguno de nosotros tenía reservas morales". Participó asesinando gente de forma sistemática durante 4 años en diversos manicomios; los gráficos de mortalidad descendían siempre que ella hacía sus vacaciones anuales.

2. Irmgard Huber, con estudios primarios, sirvienta doméstica antes de pasar a la enfermería pediátrica. Se convertiría en enfermera jefe, su cometido era asistir a conferencias matutinas en las que recibía y transmitía instrucciones para matar. A pesar de su creencia de que era malo, ni su sufrimiento psicológico ni sus actos comprobados de bondad con pacientes individuales le impidieron participar en los asesinatos.

3. Paul Reuter, peón agrícola en paro, ingresó en el Partido, lo cual le proporcionó un trabajo en un manicomio (Hadamar), allí fue informado de que los pacientes eran "vida indigna de vida" y que el dinero que se gastaba cuidándolos a ellos podría gastarse mejor construyendo casas para las familias "ricas en hijos".

2.2.3. ¿DÓNDE?

Había Seis centros de exterminio: Hartheim, Hadamar, Grafeneck, Brandenburg, Sonnenstein y Bernburg.

2.2.3.1. ¿CÓMO SE RECIBÍA LA INFORMACIÓN DE LOS PACIENTES?

1. El denominado "impreso de registro 1" pedía información detallada sobre los pacientes, suponía el primer contacto entre la oficina central T4 de Berlín y los centenares de manicomios públicos, privados y religiosos de todo el país. Dicha información debía incluir: a) pacientes que padeciesen enfermedades mentales y físicas y que realizasen tareas mecánicas; b) datos sobre delincuentes psicóticos, y c) datos sobre pacientes de nacionalidad extranjera.

2. Los directores de hospitales contaban con 3-10 semanas para cumplimentar los impresos de registro. Al difundirse rumores de que se estaba matando a los pacientes trasladados, unos cuantos directores de hospitales intentaron proteger a sus enfermos; algunas artimañas eran: encontrarles trabajo en empresas locales; reclasificar a los pacientes del Estado como pacientes particulares; ponerlos bajo la custodia de sus familiares, aunque también se topaban con rotundas negativas ante esta alternativa; e incluso falsificación deliberada de historiales.

3. Los seleccionados para su destrucción eran conducidos en autobuses y trenes a uno de los centros de exterminio. Una vez allí seguían un proceso cuidadosamente ensayado que culminaba con su introducción en las cámaras de gas herméticamente selladas que simulaban duchas. Algunas víctimas entraban provistas de manopla, jabón, cepillos. Seguidamente los médicos accionaban los manómetros de cilindros de gas. Después unos ventiladores extraían los gases que quedaban permitiendo a los denominados "quemadores" o "desinfectadores" sacar los cadáveres, no sin antes extraerles dientes de oro o ser utilizados para autopsias orientadas a la investigación. De ahí eran trasladados hasta los hornos, las cenizas se vertían en los ríos o se distribuían arbitrariamente en urnas.

4. Nadie desaparece en las sociedades avanzadas sin un rastro de papel adjunto, las oficinas del registro T-4 falseaban sistemáticamente la causa y lugar de la muerte; los documentos se cumplimentaban con la ayuda de una lista de control de unas 60 causas de muerte, acompañada cada una de ellas de un párrafo que describía su idoneidad para los diferentes sexos y edades:

> **Neumonía**. Es una causa ideal de muerte para nuestra operación, porque la población en general la considera siempre una enfermedad crítica, lo que significa que resultaría plausible como causa de muerte.
> **Apoplejía**. Esta causa de muerte es especialmente adecuada en el caso de gente de edad, de un mínimo de cuarenta años en adelante; en el caso de gente joven es tan raro que no debería elegirse.

Los administradores que no pretendían seguir recibiendo los pagos de mantenimiento de los que habían muerto, enviaban a los parientes cartas de pésame regularizadas. Otros, en cambio, con más inventiva introducían alguna alusión personal, comunicando de paso que el cadáver del difunto había sido incinerado para impedir la transmisión de enfermedades contagiosas.

Aunque esta conspiración para cometer asesinatos en masa se enorgullecía de haberse ocupado de hasta el último detalle, hubo determinados detalles que la convirtieron en imperfecta, provocando la inquietud y sospechas crecientes de la gente ordinaria que recurría no sólo a abogados sino también a los eclesiásticos; gracias a ellos el programa secreto de "eutanasia" salió a la luz pública y dejaría de funcionar en los centros psiquiátricos mencionados.

2.3. EL PAPEL DE LA IGLESIA

Los eclesiásticos se enteraban del programa de "eutanasia", principalmente, a través de los familiares de las víctimas. El pastor Gerhard Braune dirigió un memorando extraordinario a Hitler, en el que detallaba el alcance del programa de "eutanasia"; refutaba las razones económicas y logísticas con las que se justificaba; de la misma manera llevó a cabo una investigación utilizando los números grabados de las urnas de cenizas enviadas a los parientes, concluyendo que en Grafeneck habían muerto 2.019 personas en 43 días, cuando la capacidad inicial ascendía a un irrisorio número de 100 camas. Dos semanas después fue informado que Hitler había recibido su memorando pero que nada se podía hacer, únicamente procurar que se hiciesen las cosas con más orden. Al cabo un tiempo fue detenido y tuvo que estar tres meses en "custodia protectora", término nacionalsocialista para arrestar a posibles oponentes del régimen sin el beneficio de juicio o procedimientos judiciales.

Hubo un representante del alto clero que se aventuró por la vía del enfrentamiento público, Clemens August, conde de Galen y obispo de Münster, apodado el "León de Münster" y de procedencia aristocrática; educado por los jesuitas y cuya opinión de los nazis era de extranjeros y trepadores. Gracias a su intrépida actitud fue elegido cardenal por Pío XII en 1946 como reconocimiento durante el Nacionalsocialismo.

En uno de sus sermones reveló que había presentado una acusación de asesinato de acuerdo con el artículo 211 CP basándose en el artículo 139 CP, según el cual se debía informar de forma obligatoria de que se pretendía cometer un crimen capital a todo el que estuviese enterado de ello. Explicaba la mercantilización de la humanidad:

> No se trata de máquinas, caballos y vacas que tengan como única función servir al género humano, producir bienes para el hombre, a los que se puede destruir, aplastar, matar en cuanto no cumplen ya esa función. No, se trata de seres humanos, seres humanos que son compañeros nuestros, hermanos y hermanas nuestros. De gente pobre, gente enferma, si lo preferís improductiva. Pero ¿han perdido el derecho a la vida? ¿Tenéis vosotros, tengo yo el derecho a vivir sólo mientras seamos productivos, mientras otros nos consideren productivos?

Siguiendo la lógica de esta argumentación, Galen advertía que esta política conduciría al asesinato por el Estado de cualquier vida improductiva, ya se tratara del incapacitado, los ancianos o incluso los soldados gravemente heridos. El derecho no brindaba protección alguna a la población, que comenzó a rehuir a sus propios médicos. Los resultados de sus sermones se reflejaron en que hubo personas que intentaron proteger a sus parientes mayores; otros negaron hacerse radiografías; la BBC habló de él; ocupó la portada del *Daily Express*; todo aquel que fuera sorprendido con los panfletos de sus sermones era detenido y enviado a los campos de concentración.

Los dirigentes nazis se plantearon tomar medidas contra él pero decidieron esperar al fin de la II GM para ajustar cuentas con él, hecho que jamás sucedió.

Los perpetradores del T-4, una vez alcanzado el objetivo de 70.000 víctimas, recibieron órdenes de Hitler de poner fin al gastamiento masivo de pacientes mentales. En adelantes se mataría a los pacientes de hambre y con medicación letal en un gran número de centros de exterminio localizados dentro de diversos hospitales psiquiátricos. Esto sería más fácil de ocultar que el traslado súbito y la simultánea desaparición de grandes grupos de personas.

Todos los asesinados constituían un "lastre" o una "carga" para la economía nacional, una "carga" para el futuro colectivo. En 1941, estadísticos del T-4 calcularon los índices mensuales de ejecuciones en cuatro psiquiátricos denominados B, C, D y E y extrajeron totales globales. Los gráficos mostraron que las muertes de las 70.273 personas asesinadas hasta entonces proporcionarían en 1951 un ahorro previsto de unos 885.439.800 RM, e iban acompañados de gráficos separados que detallaban alimentos primarios que ya no se consumirían, junto con sus equivalentes monetarios.